Caillou MD

et le bonhomme de neige

Adaptation : Éditions Chouette
Texte de Roger Harvey, tiré du dessin animé
Illustrations : CINAR Animation

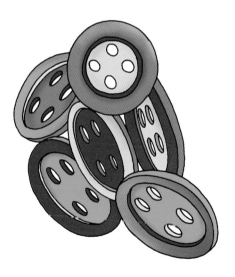

chouette   COOKIE JAR

Il neige depuis le matin, à la grande joie de
Caillou et Sarah. Les deux amis s'amusent follement
à attraper des flocons avec la langue.
—Faisons un bonhomme de neige! propose Sarah.

–Il faut faire trois boules, dit Sarah. Une petite pour la tête et deux grosses pour le corps.
Elle tasse un peu de neige dans ses mains et forme une petite boule.

Caillou regarde attentivement Sarah. Elle a
déposé sa boule dans la neige et la fait
maintenant rouler en la poussant. La boule grossit
de plus en plus, traçant un large sillon sur son
passage.

Il fait un petit tas de neige et pousse dessus avec ses mains. Le tas grossit sans rouler. Caillou pousse plus fort, glisse et tombe.

−Est-ce que la tête est prête? demande Sarah.
Caillou, regarde avec envie l'énorme boule de
son amie. Sarah cherche à le rassurer.

−Ne t'inquiète pas. Nous allons faire le plus gros bonhomme de neige du monde.
−Le plus gros bonhomme de neige du monde? répète Caillou, reprenant confiance.

−D'abord, il faut faire une toute petite boule, explique Sarah
Caillou copie les gestes de Sarah. Cette fois, il parvient à faire une boule toute ronde.

Caillou regarde tour à tour sa belle boule et
Sarah. La tentation est trop forte. Il lance la boule
en direction de son amie.
—Eh! fait Sarah d'un ton fâché. Elle lance à son
tour une boule vers Caillou.

Celui-ci se penche pour l'éviter. Caillou veut
poursuivre la bataille.
– Arrête… le prévient Sarah.
Mais la boule de Caillou est déjà partie et
atteint Sarah.

–Si tu ne veux plus faire de bonhomme de neige, je préfère m'en aller.
–Sarah, je veux faire un bonhomme de neige avec toi.
Sarah se laisse convaincre.
–Bon… D'accord.

Caillou et Sarah font chacun une autre boule et
les font rouler. Finalement, tous les deux se
retrouvent au milieu de la cour.

– Ouf! soupire Caillou, un peu essoufflé.

—On n'a plus qu'à assembler notre bonhomme. Commençons par placer cette boule-ci sur la plus grosse, dit Sarah.

–Les enfants, j'ai
une surprise pour
vous. C'est maman
qui s'approche, un
sac à la main.

Caillou plonge la main dans le sac et en sort une carotte.

– Une carotte? fait-il, tout étonné.

– Ça fera un nez parfait pour notre bonhomme ! dit Sarah.

—Regarde bien dans le sac, dit maman.
Cette fois, Caillou trouve deux boutons. Sans
hésiter, il met les boutons à la place des yeux.
—J'ai autre chose, dit maman. Elle tire un béret de
sa poche et en coiffe le bonhomme de neige.

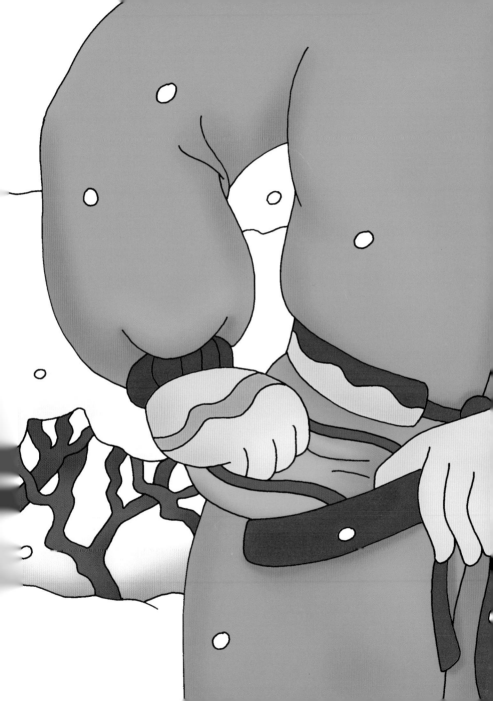

–On devrait lui trouver un nom, dit Sarah.

–Bouboule! propose aussitôt Caillou.

–Oui! acquiesce Sarah en tapant des mains.

– Bravo les enfants ! Venez, maintenant. Je vous ai préparé un bon goûter.

– Attendez ! crie Caillou. Maman se retourne.

– Qu'est-ce que tu fais ?

– Je fais une boule de neige. C'est pour le goûter de Bouboule !